AF449925

Querido Caos:
¡Gracias!

Quedarte sentado, mirando cómo pasa tu vida, nunca deberá ser una opción

Wender García

EDIQUID

QUERIDO CAOS: ¡GRACIAS!
Quedarte sentado, mirando cómo pasa tu vida,
nunca deberá ser una opción
© Wender García

Editado por: Corporación Ígneo S.A.C.
para su sello editorial Ediquid
Av. Arequipa 185 1380, Urb. Santa Beatriz. Lima, Perú
Primera edición, julio, 2022

ISBN: 978-612-5078-26-1
Tiraje: 50 ejemplares

Hecho el Depósito Legal en la Biblioteca Nacional del Perú N° 2022-06326
Se terminó de imprimir en julio de 2022 en:
ALEPH IMPRESIONES SRL
Jr. Risso Nro. 580 Lince, Lima

www.grupoigneo.com
Correo electrónico: contacto@grupoigneo.com
Facebook: Grupo Ígneo | Twitter: @editorialigneo | Instagram: @grupoigneo

Reservados todos los derechos. El contenido de esta obra está protegido por leyes
de ámbito nacional e internacional, que establecen penas de prisión y/o multas,
además de las correspondientes indemnizaciones por daños y perjuicios, para quienes
reprodujeren, plagiaren, distribuyeren o comunicaren públicamente, en todo o en
parte, una obra literaria, artística o científica, o su transformación, interpretación
o ejecución artística fijada en cualquier tipo de soporte o comunicada a través de
cualquier medio, sin la preceptiva autorización.

Diseño de portada: Susana Santos
Corrección: Rosa Arévalo
Diagramación: Gerardo Hernández B.

Colección: Integrales

Contenido

Dedicatoria

A Marisol, mi madre, por todo el amor, por la amistad, por su valentía de mostrarme lo mejor del mundo sin importar sus miedos. Por creer en mí aun cuando yo no lo hacía.

A Wilfredy, mi padre, por su enseñanza, por las lecciones de vida, por revelarme la convicción como una forma de vivir, por darme el mejor regalo: existir. Por ser la mejor evidencia de perdón que puedo tener para compartir con el mundo.

A Wilmary y Winder, mis hermanos, por indicarme el camino correcto según sus ojos, por las veces que me han dicho «Tú puedes», aun sin estar conscientes de que me lo decían. Por las risas, porque compartimos el mismo sentido del humor, por esta oportunidad de viaje donde ellos son la mejor compañía.

A Daniela, Eduardo y Luisana García, por elegir compartir esta experiencia de vida; por el reto que implican los vínculos familiares cuando hay que crearlos, cuando la conexión que existe se mantendrá por siempre, aun cuando nadie nos enseñó que es una posibilidad; por ampliar la hermandad más allá de lo racional.

A mis sobrinas, Ximena y Miranda, por invitarme cada vez a su mundo de colores y enseñarme a conectar con la inocencia, a sorprenderme por los pequeños detalles; por las risas, por el amor infinito que nos envuelve.

A Eduardo Morales, por el apoyo incondicional para que este libro sea una realidad; por las tardes de vinos en terrazas, compartiendo los sueños de hacer grandes cosas; este, sin lugar a dudas, es una de ellos; por sembrar la idea en mi mente de compartir al mundo mis ocurrencias.

A Frida Espinosa, Luz Adams, Rosario Garza, Malú Gómez Junco, Edgar Villarreal, por el impacto que ha significado su presencia en mi vida, cada momento, cada palabra de aliento, cada instante compartido, donde sus existencias han sido fundamentales en mi desarrollo personal y profesional.

A Ramón Aguilar, Weyler Cetina, Adrián García, Gabriela Espinosa, Alejandro Garza, Roberto Rentería, Alan Moreno, Karla Zumaya, Jacquie Alcalá, Francisco Soriano, Vanessa Cammal, Juan Santiago Bologna, Nicolas Fernández Scharzella, Leo Piñeyro, Gerardo Dávila, Marla Carrasco, Dayana Rivero, Juan José Cano, Raúl Fierro, entre muchas otras personas que en algún momento vida me han iluminado, acompañado, enseñado, abrazado, y que con solo su existencia y presencia han convertido mis momentos en recuerdos únicos; llenos de valor.

¿Cómo hemos llegado hasta aquí?

Del enojo a la convicción.

De la tristeza a la resiliencia.

Del desagrado a la oportunidad de vida y su experiencia.

Del miedo al aquí y al ahora, a la seguridad, a la valentía.

Por la alegría como aceptación única del ser, de su experiencia de vida y el aprendizaje como herramientas sanadoras; de la sabiduría como instrumento de transformación; de la consciencia de vivir como agente de cambio.

En principio no hay nada: en todo inicio, todo momento, toda situación nueva, idea inédita, no tenemos la experiencia de nada; no hay evidencias para comparar, no tenemos referencias, no hay tiempo, no hay energía, no hay espacio: no hay nada.

Asimismo, en la vida entera, desde la creación del universo, como lo cuenta la teoría del Big Bang, hasta cada evento en tu vida cuando se encuentra en los inicios, no hay nada hasta que la energía se mueve y se crea el todo.

Como en las obras de teatro, en cada función hay una oportunidad de crear la magia, pero en principio no hay nada, y los actores con sus poderes creadores hacen que surja toda una historia y crean una experiencia en la audiencia.

Cada momento de tu vida es una oportunidad de crear algo extraordinario, pero en todas las oportunidades al principio no hay nada; sin embargo, si nos ponemos a pensar, todo lo que empieza a ocurrir es porque lo estamos creando, estemos conscientes o no de ello.

Momento a momento, pregúntate: «¿Qué estoy creando?», y la respuesta irá acompañada de la acción.

Si estás creando amor, sal a la calle y ama todo lo que te rodea: abraza, acompaña, sonríe, disfruta, ama.

Así empezaremos a dilucidar descubrir cómo cada momento y la sensación que nos genera es una oportunidad única de aprendizaje, y cómo las emociones son el mejor instrumento para movernos en el día a día. Las emociones, como la energía, no son ni buenas ni malas, solo existen y tienen un propósito.

Hasta hace algún tiempo, para mí las emociones eran sensaciones intangibles que definían cómo me sentía en diferentes momentos. También las definía como aquellos sentimientos que te generan las personas, pero hasta ese momento nunca las había concienciado como una forma de energía de todo ser espiritual-mental-físico.

La misma palabra nos lo dice: *emoción* significa 'energía en movimiento'. Si cada emoción que tenemos, o el conjunto de ellas, son un cuerpo energético que forma parte de nuestro todo humano, entonces más vale poner atención a cada una de nuestras emociones, pero más atención aún a las que se quedan atoradas en el campo energético.

Las emociones fueron creadas para generar una liga en nuestra memoria. Determinados eventos importantes son prácticamente inolvidables no por las situaciones en sí mismas, sino por las huellas emocionales que dejaron.

Pasa que, con el tiempo, tendemos a olvidar las situaciones exactas. De hecho, no sé si te ocurre, pero hay emociones tan extremas que olvidamos los detalles y solo nos quedamos con las sensaciones. Por ejemplo, si algo terrible te pasó, es posible que tengas lagunas mentales del momento, pero el dolor que te haya ocasionado es bastante más claro. Esto es así porque la emoción es la forma natural en la que el cuerpo guarda la memoria intacta. Olores, momentos y colores nos recuerdan a determinadas personas o situaciones, todo porque dejaron una huella emocional.

Así es como vamos formamos gran parte de nuestra personalidad, según situaciones que generaron emociones y que se asimilaron o se quedaron atoradas en el sistema. Entonces, por pura energía, quedamos definidos en nuestro comportamiento.

Es válido estar enojado, lo que no es válido es permanecer allí mucho tiempo

La vida está completamente llena de momentos caóticos, el caos no es más que el estado confuso y desordenado de las cosas, previo a su respectivo orden. En el caos no podemos predecir prácticamente nada y en este estado máximo de confusión, donde pareciera que una corriente arrastra con todo a su paso, lo único seguro al final del caos es el orden.

Nacer en medio del divorcio de mis padres fue tal vez la primera experiencia física y emocional de lo que es el caos y de lo que representa en la vida de cualquier semejante. Yo soy el menor de tres hermanos y nací justo en ese momento en el que mis padres habían decidido separarse. Dicen que los bebés en el vientre de la madre ya perciben y graban información de lo que ocurre afuera. Entonces, lo más seguro es que toda la información que pude haber registrado, mientras estaba en la barriga de mi madre en medio de un divorcio, está relacionada con emociones como: fracaso, enojo, tristeza, desilusión, rechazo, angustia, insuficiencia. La certeza que tengo de ello proviene del hecho de que son esas emociones las que más reto han supuesto en mi vida.

El caos es previo al orden, la creación misma del universo. Hay muchas teorías acerca de la creación del cosmos, algunas sostienen que el caos es el protagonista absoluto del origen del universo; la más famosa y la que goza de mayor aceptación es la muy conocida teoría del Big Bang: cuando todavía no existían ni estrellas ni galaxias, cuando aún no había nada, solo vacío, una gran explosión sucedió dando paso al universo, tal como lo conocemos hoy y el cual sigue en expansión.

Cuando era niño me imaginaba el origen del universo como una explosión de energías que separaba todas las galaxias y le daba orden al universo para que pudiéramos habitarlo como lo hacemos. Imaginaba que la energía era como los colores, por lo que solía hacer explosiones simuladas con pinturas líquidas y gomas moldeables de distintas tonalidades. En mi mente, después de mezclar los colores y separarlos, podía entender el orden de las cosas como consecuencia de lo revuelto, lo confuso, lo caótico.

Si lo anterior lo llevamos a la vida misma, podemos entender, entonces, que después de momentos de caos, de situaciones turbulentas o confusas, indefectiblemente y por ley universal viene la razón que explica por qué ocurrió de esa manera.

Así, nacer a mitad del divorcio de mis padres y crecer con un padre ausente representó muchas veces un caos constante en mi vida. Estas circunstancias, durante muchos años, me llenaron de enojo y resentimiento, pues la lectura que aquel niño podía hacer de ello, en esa edad tierna o temprana, era de abandono. Sin embargo, lo que ese infante no podía alcanzar a mirar eran las posibilidades presentes y futuras que estaban detrás de esas circunstancias de vida, todo lo que sí tenía o ganaba. Al final, la ausencia de mi padre se convirtió en la herramienta de formación para mi futuro, que hoy, en otro escenario y con otra visión, agradezco infinitamente.

Preguntarme ahora: ¿qué hubiera pasado si mis padres no se hubieran divorciado? La respuesta, a ciencia cierta, nunca la sabré.

Sin embargo, haciendo un poco el ejercicio, puedo imaginar que tal vez seguiría viviendo en aquella ciudad de Venezuela llamada San Fernando; también es muy probable que no me hubiera cuestionado tanto acerca de la vida, ni hubiese buscado tantas respuestas a las emociones, ni a los hechos, como tampoco habría recorrido un camino de transformación personal que hoy, por ejemplo, me lleva a escribir este libro para ti.

Con esto te quiero decir que de todos los eventos donde hay caos, y que en el momento no entendemos el por qué ni el para qué ocurren, al final impera el orden para mostrar con claridad la razón de ser del primero. De ellos, sin lugar a dudas, podemos extraer grandes recompensas y aprendizajes si elegimos mirar la vida desde una postura donde todo lo que ocurrió es lo mejor que pudo habernos pasado. Agradecimiento y crecimiento personal es, al final, la gran respuesta.

1
Una pequeña decisión puede ser el origen de un gran caos

A menudo se trata el caos en función de las limitaciones que impone (...). Pero la naturaleza puede usar el caos de manera constructiva. A través de la amplificación de pequeñas fluctuaciones puede facilitar a los sistemas naturales el acceso a lo nuevo (...). El mismo proceso del progreso intelectual se basa en la inyección de nuevas ideas y en nuevos modos de conectar las viejas. Bajo la creatividad innata podría haber un proceso caótico subyacente que amplifica selectivamente pequeñas fluctuaciones y las moldea en estados mentales coherentes y macroscópicos que se experimentan como pensamientos.
La teoría del caos, Fernando Almarza Risquez

Imagina que vas caminando por la calle y de repente te detienes a mirar tu celular. Detrás de ti viene caminando una señora con una malteada en sus manos y en las prisas no se da cuenta de que te detuviste y tropieza contigo, se le derrama la malteada en sus manos y, al perder tiempo por lo sucedido, no se percató que ya no alcanzaba a llegar a su entrevista de trabajo: perdió el empleo.

La empresa, que la estaba esperando para entrevistarla, necesitaba una experta en el área de ventas y ella era la indicada; pero por no haber llegado a la entrevista final del proceso, se altera todo el cronograma y la organización termina perdiendo 500 mil dólares de ingresos a falta de la contratación de una experta en ventas.

Esos 500 mil dólares suponían la comisión mensual de 50 empleados y, a su vez, el pago de la colegiatura de sus hijos, las medicinas de otros, la comida de algunos, etc.

¿Puedes notar el caos que sin querer creaste?

El detalle en apariencia insignificante tiene que ver con detenerte a mirar tu celular en un lugar inadecuado. Esta acción desató una serie de sucesos distintos a los que todos esperaban.

Si en algún momento de tu vida ocurre esto o algo similar, no te sientas culpable, es probable que tenga que ver más con algún efecto del caos y con lo que cada uno de nosotros requerimos experimentar para poner en orden ciertas cosas.

Tampoco pretendas ir por la vida metiéndote el pie y saboteándote para provocarte caos y vivir con la ilusión de que algún día todo mejorará. Esto es mucho más profundo que eso, tiene que ver con las fuerzas de los eventos que vivimos, que la mayoría de las veces no comprendemos por qué suceden ni para qué ocurren. Sin embargo, el trasfondo de esos hechos tiene que ver con algún propósito en el desarrollo y crecimiento de la persona.

Les he venido relatando un poco sobre la experiencia de mi enojo, durante largos años, al crecer con un padre ausente. Este caos que generó en mi vida su ausencia me ha regalado grandes lecciones.

Aquellas veces que miraba a mis amigos recibir regalos o consejos de sus padres, de ver cómo eran protegidos por sus papás, yo experimentaba la sensación de que esto jamás me ocurriría porque mi papá no estaba a mi lado, pero, de forma paradójica, eso me llevó a concluir un montón de veces que si deseaba conseguir o tener algo, me tenía que esforzar, que dependía solo de mí obtenerlo, y que si me equivocaba en la forma de alcanzarlo, el hecho de volverlo a intentar, también dependía solo de mí. Así, el reto se convirtió en mi vida en un aspecto importante, ya que a muy temprana edad llegué a tener la claridad y la madurez para comprender que muchas cosas me iban a costar el doble de esfuerzo que a los demás. Ante este escenario, solo tenía dos posibilidades: sentarme a lamentarme por el destino, por lo injusta que es la vida algunas veces, o enfrentar con valentía y decisión la vida, yo me decanté por esta última opción y me llené de valor para y por mis metas.

Así conseguí mi primer trabajo a los 16 años en un bufete jurídico, logré terminar la universidad e independizarme a los 24 años, me fui lejos de casa a otro país, buscando mejores oportunidades.

Cuando trabajé en el bufete jurídico, tuve la suerte de contar con una jefa cuyo carácter era impresionante a mis ojos; ella se llama Rosario, yo la admiro por la capacidad de manejar tanta gente y generar confianza con sus equipos, en los que todos se esforzaban por mejorar los resultados del departamento, al punto de ser el mejor equipo de la empresa. Rosario tiene la capacidad de crear fidelidad en las personas de una forma impecable, y lo curioso, a mis ojos, era el poder que tiene de crear esa especie de amor/respeto con un carácter implacable.

Mi jefa, desde el primer momento, confió en mí. En aquel entonces, Rosario me enseñó muchas cosas y me animaba siempre a superarme, a escalar de posición dentro del mundo corporativo, a ir por más con ética y valores. En una de las pláticas que tuvimos y como parte del adiestramiento que me entregaba para realizar con éxito una entrevista, en la que aspiraba al cargo de supervisor del Departamento de Cobranza, me dijo lo siguiente:

—Siempre mira a las personas a los ojos con esa convicción que te caracteriza.

—¿Convicción? —solo respondí.

Pero a lo interno me dije: «Esta mujer loca y temperamental, que tanto admiro, ¿de qué carajo me está hablando?». Tuve que ir al diccionario a buscar el significado de esa palabra, pues en mi universo ignorante aún la desconocía. Así supe que *convicción* es la capacidad de convencimiento que tenemos todos en diferentes niveles (algunos más, otros menos), pero que es una habilidad inherente de las personas.

Cuando una persona sostiene un pensamiento, una idea, una creencia con argumentos, muestra convencimiento pleno y total acerca de lo que comunica, y esto hace que convenza a otros.

Yo recuerdo que esta palabra retumbó en mis oídos y sentidos, porque cuando conocí su significado no daba crédito a lo que Rosario refería de mí, pues yo sentía que solo hacía y seguía indicaciones, y nada más. Pero descubrirme en esa posibilidad de sostener un discurso, una acción o un pensamiento y crear e inspirar con ellos convicción en otras personas, era algo que se me estaba revelando en ese momento en mi vida. Gracias a Rosario y a la palabra entregada, de la cual yo me apoderé con el tiempo, todos los días que fui supervisor en aquel corporativo tuve la *convicción* de crear el mejor equipo de trabajo. Instalaba en mis compañeros la idea y la creencia de que ellos eran los mejores para desempeñar sus funciones, los inspiraba con argumentos y con ejemplos para que se esforzaran en crecer en ellos, para que fueran por más, y así durante tres años y medio, más o menos, tuve presente que de mí sale una fuerza que me inspira a creer y crear.

En 2008, Rosario me descubrió un nuevo término. Sin embargo, con el pasar de los años, comprendí que yo desde muy niño había creado una vida basada en la convicción de que todo es posible, es decir, que la esencia de la palabra estaba instalada en mí, como bien lo supo ver Rosario; solo que desconocía el nombre de esa fuerza inmantada que otros percibían en mí y de la que yo aún no era del todo consciente.

Todas las veces que no tuve un consejo de papá, tuve la convicción de que haría lo mejor posible con lo que sabía.

Todas las veces que estuve triste por la ausencia de papá, tuve la convicción de que todo iba a mejorar.

Aquellas veces que me percaté de su ausencia, tenía la convicción de que algún día estaría presente.

Cuando quise dejar de estudiar en la universidad por desánimo y barreras económicas, llegaba a mí la convicción de que podía superarlo, de que tenía que continuar.

Cuando me fui de casa de mi madre y aparecieron los primeros retos, pensé por momentos en regresarme a su casa, pero de inmediato aparecía la convicción de que debía luchar un poco más.

Siempre he tenido la convicción de que viene lo mejor, y a medida que avanza la vida, todo va tomando forma.

«Sócrates tenía la convicción de que no sabía nada; Descartes de que dudaba, y por ello existía; la madre Teresa de Calcuta de que su vida cobraría sentido en la ayuda a los más necesitados; Juan Domingo Perón en que la política debía orientarse a la justicia social, etcétera».[1]

Entonces, no tuve el peor papá del mundo, tuve el que yo necesitaba en esta vida para llenarme de convicción e ir tras mis sueños. Con el paso del tiempo, mi padre y yo hemos ido sanando

---

1 *Concepto de convicción.* DeConceptos.com. Disponible en: https://deconceptos.com/general/conviccion

las heridas y creado una relación de comunicación donde lo único presente es la empatía y el amor.

Él puede estar tranquilo porque hoy vivo en la convicción de que es el mejor maestro en mi vida para cumplir la función de padre. Me regaló la vida y con esta la oportunidad de ir con determinación por lo que quiero, me obsequió unos hermanos que me apoyan, que sonríen cada vez que acciono, porque saben que siempre lo hago dando el máximo de mí.

Todos quienes crecemos con la figura de un padre ausente, tenemos la posibilidad de escoger entre:

1. Vivir en la queja y en el drama del caos que esto ocasionó en nuestras vidas o

2. Vivir agradecidos de que haya ocurrido así, porque nos dio la posibilidad de prepararnos para asumir el caos como la mejor oportunidad de crecimiento.

Como he venido reiterando, el caos es la antesala al orden. Después de un gran momento de confusión y emociones revueltas viene la serenidad y el aprendizaje, pero solo si estás dispuesta/o a que así sea, solo si el escenario donde te paras en tu vida es de agradecimiento por el aprendizaje.

Yo puedo tener la convicción de que al finalizar este libro habrás reeditado momentos, creencias y emociones que secuestran tu vida y tu desarrollo, pero solo ocurre sí y solo sí estás en el escenario de la honestidad.

Puedes tener la certeza de que todos los momentos en tu vida, por muy desagradables que hayan sido, son lo mejor que pudieron haberte ocurrido, porque fueron el cincel indispensable para esculpir la mejor versión de ti mismo.

Ejercicio 1:

1. Anota cinco momentos en tu vida donde estuviste muy enojado.

2. Anota 10 cosas que perdiste o pierdes por haber estado o estar
   enojado.

3. Anota 12 cosas que ganarías si agradeces cada momento y su aprendizaje.

2
Cada momento es una oportunidad única de sentir y aprender

En la vida hay tres cosas seguras: la vida, la muerte y el cambio. Nada es para siempre, nada es inmóvil, nada es fijo, nada permanece quieto mucho tiempo; todo cambia, todo está en movimiento constante; somos energía y la energía nunca está quieta. Asimismo, las emociones no están ahí para siempre, siéntelas, que en menos de lo que piensas ya se han ido y estás en otra etapa de tu vida sintiendo otras emociones.

Conforme he ido avanzando en esta experiencia que llamamos «vida», he venido tomando consciencia de algunos temas que surgen de nuestro cuestionamiento como seres humanos. Así, hoy día creo que existen varias dimensiones paralelas a la realidad que vivimos. Esta realidad de la que tú y yo somos parte en este momento te permite aprender, conocer, experimentar sensaciones múltiples, variopintas y de contrastes a través del placer, los sabores, los olores, las texturas, la vista, etc., que nos dan información acerca de nosotros mismos, de lo que nos gusta y lo que no nos agrada. No obstante, resulta curioso que experimentar ciertas sensaciones en determinados puntos del camino, bien sea lo que más nos asuste, que suele ser la mayor causa de desconexión del ser humano.

Un ejemplo que pone en evidencia lo anterior es la experiencia de dolor que vivimos cuando nos separamos de nuestro primer amor. Algunos la vivieron en la primaria, otros en la secundaria, no es relevante la etapa en la que ocurrió, pero lo que sí es importante es cómo fue y cuánto te dolió cuando se puso punto y final a la relación, porque quizás es allí donde más miedo te generó sentir y, por no querer volver a experimentar esa sensación, te cerraste o te cierras a vivir de manera intensa el amor.

Te pregunto: ¿sabes cuántas emociones existen? ¿Cuántas sientes a diario? ¿Cuáles nunca has experimentado?

A lo largo de los ocho años que llevo impartiendo entrenamientos y conferencias para el desarrollo humano, he escuchado un sinfín de personas maravillosas decirme: «… Es que yo no entrego mi corazón porque una vez me lastimaron y no me va a volver a ocurrir». Cuando escucho este tipo de comentarios, lo primero que me digo a mí mismo es: «¿Será verdad que cree que puede evitar sentir?». Pensar o decir eso es un total despropósito, ya que vivir implica necesariamente sentir.

Ahora bien, que haya sensaciones que te gusten o agraden más que otras, eso es otro tema. Pero el punto real al que quiero llegar en esta etapa del libro es a que comprendas que no hay emociones buenas ni malas, solo hay emociones y todas tienen una razón de ser en nuestra experiencia de vida. Entonces, mi recomendación es: no las evites, cuando aparezcan vívelas en libertad y con consciencia para que pases luego al siguiente nivel de tu vida sin cargas innecesarias.

Si el primer amor te falló y te dolió… ¿qué aprendizaje valioso te dejó?

Y esa pregunta háztela con todos los amores «fallidos» en tu vida; sí, «fallidos», entre comillas, porque en realidad creo que todos sirvieron para algo y tu tarea es encontrar el aprendizaje y continuar disfrutando tu experiencia en este plano o dimensión. Puedes hacerte esa pregunta con los amores de pareja; con tus amistades, que también, cuando se rompen, duelen; con personas que fallecen o momentos que terminan, porque recuerda: **de todas las experiencias se obtienen aprendizajes, y cada una ocurre es para hacer de ti, de mí, de todos, nuestra mejor versión.**

Sé consciente de cómo te sientes.
Mientras realizas alguna actividad que disfrutes, concéntrate en el aquí y el ahora. Nota cómo cada parte de una actividad te produce satisfacción, esperanza, alegría, reducción del estrés, etc. Esto puede ser tan simple como estar consciente mientras preparas una comida y disfrutas de cada paso del proceso.[2]

Cuando tenía 13 años, aún viviendo en Venezuela, mi mamá decidió que nos iríamos a vivir a Monterrey, México. Esta determinación surgió por los efectos de la situación económica por la que atravesaba el país. Hacia el 2005, año en el que emigramos, se podía sentir los estragos en la economía, la seguridad, entre otros temas políticos que agitaban a la nación en ese momento.

Para aquel entonces recuerdo que mi mamá respondía lo siguiente a quienes le preguntaban por qué se iba de su país: «Me voy porque quiero que mis hijos estudien y se desarrollen en un país libre». Por supuesto que las respuestas no se hacían esperar:

---

2 *Lo que puedes estar sintiendo*. Centros para el Control y la Prevención de Enfermedades. Disponible en: https://www.cdc.gov/howrightnow/espanol/recursos/sobrellevando-la-tristeza/index.html

«¡Estás loca! ¿Cómo se te ocurre? México es un país peligroso...», «Tú sola con tres hijos en un país que no es el tuyo; aquí en Venezuela comida no te va a faltar, Venezuela es tu país», y como estas hubo muchas más en este tono. Sin embargo, esto no hizo desistir a mi mamá de su propósito, nos fuimos a México. De seguro iba con muchos miedos; sin embargo, tuvo la valentía de enfrentarlos y no quedarse detenidas ante estos.

Escogió como destino México por las oportunidades de educación que le habían ofrecido tanto para mí como a mis hermanos. Tomar la decisión de dejar su país y su familia es tan difícil de vivir como de explicar; para quienes han vivido la experiencia saben muy bien a lo que me refiero. No obstante, para quienes no han tenido esta situación experiencial, la sensación es como si una parte de ti muriera, algo de la esencia de la persona se apaga por un tiempo, y esto se debe a que durante el proceso de adaptación, que es largo, vives un proceso en que «pierdes» el sentido de pertenencia. No te sientes parte del nuevo país porque apenas estás llegando, pero tampoco del que dejaste porque ya no habitas en él, es como estar desprovisto de identidad, no hallarte en ningún lado, es una situación de extrañeza y rareza muy desagradable.

De verdad, que para mi mamá tuvo que representar todo un reto tomar y accionar esta decisión: una mujer de 40 y tantos años de edad, sola y con tres hijos en la etapa de la adolescencia, abriéndose camino en un país extranjero, es una experiencia que pocas se atreven a hacer, porque además sabemos que vivimos aún en sociedades machistas, donde a la mujer le cuesta no el doble, sino el triple de esfuerzo que a un hombre, y ustedes, mujeres, saben mejor que yo de lo que hablo. Entonces, en este contexto, muchas y muchos se preguntarán: «¿Cómo hizo para afrontar el reto de salir adelante desde cero? ¿Cómo gestionó todos los comentarios desalentadores? ¿Cómo se desapegó del patrimonio que construyó durante años?...», y como estas, surgen muchas más interrogantes al respecto, pero para todas, las formuladas o no, solo hay una única respuesta: **resiliencia**.

Es imposible olvidar las veces que vi llorar a mi mamá y las otras muchas que en medio de ese llanto la escuché decir firme: «¡No me voy a rendir!».

Esa capacidad de adaptarse a una situación compleja, de estar convencida de que sería transitoria y que de ella brotarían resultados positivos —lo cual ocurrió— fue lo que en definitiva hizo la diferencia en aquellos primeros años viviendo en México. Así su convicción, perseverancia y anhelo de tener una vida mejor para ella y sus hijos fue más grande que sus miedos, que las circunstancias y las limitaciones que bordearon aquel entonces, pues ella, mi madre, estaba determinada a lograr el propósito que la movilizó hasta México.

Mi mamá me mostraba, a mí y a mis hermanos, la luz y la sombra de lo que representa el esfuerzo, el trabajo y la valentía cuando estás dispuesto o dispuesta a cumplir tus metas sin importar los miedos y las barreras.

En esa etapa de nuestras vidas, habitábamos un pequeño departamento en el centro de la ciudad de Monterrey. Por aquella época nuestros días transcurrían entre dos vertientes de sentimientos. Por un lado, había una profunda tristeza, una sensación de decaimiento, una tendencia al llanto por la distancia de la familia, por todo lo que dejamos atrás: nuestra casa, amigos, costumbres, tradiciones, y por el temor de encontrarnos solos en un país desconocido y en medio de una terrible incertidumbre hacia el futuro. Si bien todo esto sentíamos, por otra parte experimentábamos una gran resiliencia: aceptamos vivir la experiencia total de ese incómodo proceso de adaptación, comprendíamos que no había otra opción más que habituarnos a la nueva realidad y hacer que funcionara; y tuvimos la entereza de soltar el objetivo por el habíamos llegado a México: estudiar y progresar.

Todo esto fue transformándose con los años en una dulce realidad: mis hermanos y yo, entre muchas otras maravillosas circunstancias, logramos cursar estudios superiores, cada uno en sus respectivas áreas y pasiones. Todo ese cúmulo de experiencias, entre amargo y dulce, de aquel entonces, nos hizo comprender que los cambios y los saltos de fe son la mejor oportunidad que puede tener un ser humano para probarse de que está hecho, para descubrirse y asombrarse en sus capacidades y habilidades, pero, sobre todo, para ponerlas todas en práctica, las veces que sean necesarias.

Es un hecho que la decisión que mi amada madre tomó en aquellos años fue la más acertada para ella y para nosotros, sus hijos, y que todos los retos que afrontamos en aquel tiempo fue el mejor entrenamiento en el que nos preparamos para asumir la vida, donde el miedo no nos frena, el trabajo no nos limita y la incertidumbre no nos paraliza.

Habrá momentos, de seguro ya los has tenido y los tendrás mientras dure esta experiencia de vida, en los que te encontrarás parado frente a retos que te harán sentir innumerables sensaciones al mismo tiempo: incertidumbre, tristeza, miedo al fracaso, entre otras. Pero también te sentirás confundido entre un sinfín de voces: «No lo hagas», «para qué si estás bien así», «¿vas a arriesgar todo?», algunas personas de tu entorno opinarán esto porque querrán cuidarte y ponerte a salvo; otras te dirán cosas similares porque aun queriendo que crezcas, no desean que lo hagas más que ellos, esto es así y tú lo sabes muy bien. Entonces, para esos momentos de retos, ten en cuenta dos cosas:

1. La tristeza y el miedo son parte importante y necesaria en los grandes retos, permíteles que estén, pero no dejes de caminar e ir por tus sueños. ¡Llorando y caminando!

2. La resiliencia es una capacidad que habita en todos, si aún no sabes qué se experimenta o como se experimenta la resiliencia, quizás sea por ausencia de verdaderos retos en tu vida que te impulsen a salir por ellos, a alcanzarlos. Si este es tu caso, créeme, tienes las capacidades suficientes para adaptarte a todo momento, lugar o circunstancia y hacer que funcione si estás comprometido con tus objetivos o metas, si te crees de manera fehaciente en ellos.

Las emociones están para ser sentidas y no retenidas, para evolucionar como seres humanos; entonces, no pretendamos ir por la vida evitando, evitar sentir es evitar vivir. Y una cosa segura hay, es que mientras estés vivo y sin saber si será mucho o poco tiempo, todos queremos que sea la mejor experiencia, todos queremos gozar la vida a plenitud y con libertad, aun cuando haya momentos que intentes convencer a otros o a ti mismo de lo contrario. ¡Sal, sé resiliente y disfruta tu camino!

La resiliencia puede ayudarte a protegerte de diferentes afecciones de salud mental, como la depresión y la ansiedad. La resiliencia también puede ayudar a compensar los factores que incrementan el riesgo de presentar trastornos de salud mental, como el acoso o un trauma previo. Si ya tienes un trastorno de salud mental, la resiliencia puede mejorar tu capacidad para afrontar una situación difícil.

Resiliencia: desarrolla habilidades para resistir
frente a las dificultades

Ejercicio 2:

- Anota un reto importante para ti que quieras superar hoy en día.

  Ejemplo: comprar un coche, hacer ejercicio, poner un negocio, etc.

- Anota las tres emociones que no quieres sentir y tres barreras que te frenan.

  Ejemplo:

  Emoción: inseguridad, miedo al fracaso, apatía.

  Barreras: el tiempo, el dinero, la escuela.

- Ahora anota tres maneras de ser que requieres para superar las barreras y lograrlo.

  Ejemplo: ser valiente, resiliente y líder.

Reto:	
Tres emociones que no quiero sentir:	Tres barreras que me frenan:
1___	1___
2___	2___
3___	3___
Tres maneras de ser que me apoyarán a superar el reto:	
1___	
2___	
3___	

3
¿Cómo quieres que sea tu vida? ¡Imagina, experimenta y aprende!

Las personas que creen ser felices pueden tener la sensación de no tener nada que cambiar de sus vidas; sin embargo, yo creo que debemos estar atentos para distinguir la comodidad de una vida feliz. Tú puedes tener una vida cómoda y eso se traduce en tener un techo, cama, ropa, comida y dinero, quizás también un poquito de tiempo libre. Por otro lado, crear y vivir una vida feliz, es esa sensación que provoca el bienestar espiritual y la dicha de todo lo anterior, es vivir conectados con el placer íntimo, mental y el exterior, ese que viene de todos los riesgos, las aventuras y nuevas experiencias de vida que puedes tener.

Cuando mi familia y yo llegamos a México, recuerdo que aún estaba estudiando la secundaria, aunado a los cambios físicos y emocionales, se sumaron el impacto de mudarte a un país ajeno y las condiciones en las que esta migración ocurrió. A mí me daba mucho miedo imaginar cómo sería llegar a un colegio de una nación que no conocía, y me preguntaba: «¿Qué comerán? ¿De qué hablarán en los recesos? ¿Qué les divertirá? ¿Qué pensarán de mí al verme?».

Acompañados de todas aquellas y más inquietudes tuve mis primeros encuentros con mis compañeros, quienes, sin imaginarlo, mucho menos esperarlo, me recibieron con mucho entusiasmo; me preguntaban cómo era Venezuela y les causaba gracia mi acento y formas de expresión. A mis primeros amigos en México los recuerdo cuidándome y enseñándome a hablar como ellos, invitándome a probar su gastronomía y mostrándome sus costumbres.

¿¡Cómo no recordar mis primeros tacos con salsa picante!? La sensación fue tan desagradable, primero porque los sabores me resultaron muy fuertes, mi paladar no estaba acostumbrado, y segundo porque no estaba habituado a comer picante, y aquí llegó mi primera lección acerca de los mexicanos:

Nunca le creas a un mexicano cuando dice que no pica, siempre pica.

El desagrado es esa sensación o percepción de rechazo, de incomodidad que puede notarse como reacción o sentimiento. Una persona que permanece mucho tiempo en el desagrado, se muestra insatisfecha frente a todo lo que le rodea por lo que su actitud tiende a irritar al resto de las personas de su entorno. Si eres de este tipo de persona, ¡ten cuidado! Porque si te acostumbras a vivir de manera permanente en esta emoción, puedes volverte un ser obstinado/a, al extremo de llegar a ser hostil a la hora de emitir juicios hacia personas que sienten miedo de manera notable. Es válido e importante que te des permiso de experimentar el desagrado cuando este surja, pero no te quedes ahí mucho tiempo, ya que dejarás de disfrutar momentos valiosos en tu vida.

Recuerdo cuando probé por primera vez los tacos, los hice a un lado en señal de desagrado y negación a saborear de nuevo algo desconocido por mí. De manera absurda, me negaba la oportunidad de explorar y probar nuevos sabores, texturas. Mis compañeros de colegio no comprendían cómo podía rechazar los tacos, si es el alimento esencial de la vida de todos en México: sin tacos no hay vida, literal.

Pasado un tiempo y aburrido de comer galletas todos los días a la hora del receso, un día, como cualquier otro, tuve la osadía de probar los tacos por segunda vez y me quedé deslumbrado ante el sabor; ese día o tenía mucha hambre o estaba de muy buen humor, pero aquellos segundos tacos de mi vida me supieron a gloria, lo demás ya es historia, pues los tacos es uno de mis tantos platillos favoritos.

Todo este relato sobre una experiencia de mi vida, que solo en apariencia luce chistosa, es para ejemplificar como a veces dejamos pasar oportunidades maravillosas por miedo o por creencias limitantes. Algo seguro te diré, detrás de la otra cara de la moneda de lo nuevo, lo desconocido, se encuentra la rutina y esta mata, que no se te olvide que una pareja con rutina tiene el tiempo en contra; un trabajo tedioso, que no te inspira, apaga la luz de tus ojos, desconecta tu creatividad; y una creencia con rituales vacíos mata la espiritualidad.

La experiencia no es lo que le sucede al hombre, sino lo que el hombre hace con lo que le sucede.

Aldous Huxley

Por otro lado, la mudanza a nuevos espacios físicos, el cambio de hábitos, tus ilusiones, la gente que te inspira, puede activar tus ganas de experimentar la vida por lo que comienzas a tener contacto con la reprogramación de tu cerebro para que cada vez que estés frente a algo nuevo, en lugar de decir: «No, no quiero», «No me atrevo», «Así como estoy, está bien»…; puedas cambiar esos pensamientos automáticos y oxidados por un: «¡Qué tal si…!», «¿Qué pasaría si pruebo…?», «¿Qué nuevas posibilidades hay con eso para mí?». Y es que las posibilidades siempre son nuevas experiencias que vienen repletas de aprendizaje. En caso de que una nueva experiencia no te agrade, podrás decir entonces: «Sé que no me gusta y elijo esto otro». Siempre con la experiencia tomada de la mano para crear una vida llena de aventuras, colores, sabores e historias por contar, esto es, ¡una vida plena!

Una de las experiencias gratuitas de toda la vida es aprender algo nuevo. Hoy tenemos todo a nuestro alcance: internet, libros, blogs, videos, etc. Todo está al alcance de la mano y el cerebro, por supuesto. Pero piensa en las veces que dejas que la información te asalte sin estar atento, como la televisión, comentarios externos. Los mayores cambios y el mejor desarrollo personal siempre vienen de la formación consciente. ¿Con qué eliges alimentar tu mente y cuerpo? ¿O no eliges? ¿Eligen otros por ti?

La vida es el mejor lugar en el que puedes habitar; quizás, como la conoces, dices que no te gusta. Saber lo que no te gusta será tu mejor oportunidad en este momento, para que empieces a dar tus pequeños pasos, los que te conducirán a crear grandes cambios para que experimentes la vida que sí quieres.

¿Cómo quieres que sea tu vida? (Visualiza): con muchos viajes, cerca de mi familia, conociendo nuevos lugares, probando todos los sabores de helado que existen, ayudando a otros, sonriendo, haciendo negocios, etc.

Escribe, todo en positivo, lo que sí quieres para ti:

Me gustaría que de este capítulo te quedes con la idea de que vivir experiencias nuevas es una acción que solo podemos ejecutar nosotros mismos. No permitas que los miedos o los errores de los demás te contaminen o sean un factor limitante en la toma de decisiones personales. Ramón, un gran amigo y mentor en mi carrera como *coach,* un día me dijo: «A las personas les gusta ir por la vida regalando consejos sobre los problemas ajenos, porque ni los padecen ni pueden ver todas las dimensiones desde adentro».

Llegar a México, como ya lo he expresado, significó un sinfín de nuevos momentos, experiencias, sabores, personas y maneras de pensar, que aun cuando tuve momentos de rechazo, desagrado, miedo a lo desconocido, algo dentro de mí siempre me susurraba: «Aprende, aprende».

Aprender de todos los momentos nuevos, de cada persona, de cada circunstancia, me ayudó a ampliar mi campo visual de tal manera que hoy me permite apoyar a otras personas en sus propios caminos de vida, compartiendo perspectivas, puntos de vista, acompañando desde la empatía y la compasión, ya que hoy sé lo complejo y retador que puede ser para algunas personas aceptar los cambios, la evolución personal, afrontar retos, atreverse a ser, permitirse sentir y vivir las emociones.

La mayoría de los retos personales vividos y superados me han preparado para hoy tener la posibilidad de acompañar a otros seres humanos en esta experiencia; pero todo esto ocurre solo cuando estamos conscientes, dispuestos y prestos a recibir el aprendizaje de todos los momentos de la vida, esto es, de los momentos duros y de los felices. Todos están ahí para que aprendamos algo y ese aprendizaje, luego, se pone en práctica de alguna manera.

Hay momentos en los cuales las mejores preguntas que podemos hacernos nosotros mismos son: «¿Qué es lo peor que puede pasar si me equivoco?», «¿Qué es lo peor que puede pasar si no cambio nada?», «¿Qué puede pasar si me arriesgo y lo intento?».

Las respuestas no son tan complejas y muchas veces tampoco las necesitas, lo que sí importa es accionar, es atreverse, aun cuando te dé vértigo lanzarte a esa experiencia. Solo por atreverte y arriesgarte, solo por experimentar y hacer cambios, ya tendrás suficientes motivos para darte una palmadita en la espalda y continuar creando esa experiencia de vida que tanto anhelas.

Es inevitable caer y lo hacemos desde pequeños, cuando queremos aprender a andar, a montar en bicicleta, a patinar, etc. Es inevitable fallar cuando queremos avanzar, conseguir nuestros proyectos, llegar más lejos o cambiar algo que no nos hace feliz. Sin embargo, **es maravilloso aprender y descubrir nuestras capacidades.**[3]

---

3 *La propia experiencia es el mejor aprendizaje.* La mente maravillosa. Disponible en: https://lamenteesmaravillosa.com/la-experiencia-mejor-aprendizaje/

Ejercicio 3:

Llena esta caja con todas las experiencias que quieres vivir, todo eso que quieres sentir, experimentar, probar, lugares a donde ir... No te preocupes por nada en este momento (dinero, tiempo, trabajo, etc.; eso no importa, que esas ideas no te limiten), solo vacía la información en la caja:

El universo hará su magia.

4
Ser lo suficientemente locos como para creer que podemos hacer cualquier cosa en la vida

La vida está llena de instantes, la vida misma es un instante acompañado de fe, de la incertidumbre que puede ser dicho instante. Estamos envueltos en vida y muerte; a cada momento nace un instante y muere otro, en este justo momento está naciendo una oportunidad de lo que sea y es fin de una oportunidad que ya cumplió su propósito. En cada instante en la humanidad nacen millones de bebés y mueren millones de personas. Todo tiene un inicio y un fin, en ocasiones podemos predecir el inicio, como el nacimiento de un bebé, pero... ¿el final lo podemos predecir? ¿podemos pronosticar la muerte? Y si la vida es un instante y el tiempo que dura lo desconozco, ¿qué estamos haciendo para que valga la pena lo vivido?

En el año 2020, mismo en el que el mundo se detuvo por los efectos de la pandemia de la COVID-19, vivimos momentos donde la incertidumbre, el miedo, el dolor, el caos, nos puso en un escenario donde el nivel de reto para afrontar lo que estaba ocurriendo era impresionante. Millones de personas quedaron sin empleo, perdieron sus negocios y también a varios de sus afectos. Fue un año de pérdida y ganancia.

Ganancia porque observamos cómo un gran número de personas, en medio del caos, tuvieron la capacidad de reinventarse, de re-crear y de transformar el caos en una oportunidad; vimos a tantísima gente aprovechar la cuarentena para aprender nuevas cosas, desarrollar habilidades, poner negocios, encontrar nuevas maneras de generar una economía fluida en medio de aquel colapso global.

Te pregunto, ¿crees que el caos no es una oportunidad para crecer?

Si aún desconoces esto, investiga por tu cuenta y te aseguro que encontrarás muchos casos de personas que aprovecharon la pandemia de la COVID-19 para hacer dinero en abundancia; para estar con su familia, sobre todo aquellas que nunca se daban el tiempo de compartir; para hacer del hogar un lugar confortable, etc. La diferencia entre esta gente exitosa y la que fue consumida por la ansiedad, el miedo y el sufrimiento estriba en la acción/inacción. No importa lo que hayas hecho o cómo hayas reaccionado, no quiero que te culpes si crees no haberlo hecho bien, solo deseo que este sea un espacio para la reflexión y el rediseño. Ponerte en acción frente a situaciones complejas te activa en niveles impresionantes, en cambio, quedarte sentado, esperando que «todo mejore», lo que hace es empeorar la situación y no crea resultados distintos.

Hay gente que se sobrepuso a la situación y la convirtió en su mejor oportunidad, pero también es cierto que hay personas que hicieron lo mejor que pudieron para que funcionara; hay otras que solo esperaron a que pasara el caos, y, por supuesto, hubo gente que se la pasó enojada, peleando, culpando al otro, etc. ¿En cuál de estos grupos estás tú?

En septiembre de ese mismo año, mi abuela, quien toda su vida vivió en Venezuela, se contagió del virus causante de la pandemia y a las dos semanas falleció. Ella era una mujer mayor, pero muy fuerte; hasta sus últimos momentos estuvo consciente de su vida y su entorno. Dada la distancia entre los países y sumado al aislamiento por la pandemia, no pudimos estar tan cerca como hubiéramos querido. Las videollamadas se convirtieron en el único puente posible para acompañarla y estar presentes de alguna manera en sus últimos momentos.

Esta situación fue muy dolorosa y retadora para toda la familia, pues la mitad estamos fuera de Venezuela. El dolor que mi mamá sintió no lo puedo ni imaginar. En ese momento lo único que tenía claro era que solo podía acompañarla, amarla y respetar el proceso de duelo que apenas iniciaba y solo ella podía decidir cómo vivirlo.

Frida Espinosa, quien además es mi mayor mentora en mi carrera como *coach* ontológico, asegura que no podemos quitarle el dolor a los demás, pero lo que sí podemos hacer es acompañarlos en su proceso de duelo. Y en esa etapa de mi vida, esa frase que Frida a menudo suele pronunciar, me quedó más clara que nunca.

Un mes después, octubre de 2020, otro duro golpe enlutaría de nuevo a nuestra familia tras el fallecimiento de mi abuelo, quien no pudo contra la tristeza ocasionada por la partida de mi abuela. Así que al poco tiempo enfermó y de un día para otro su corazón se apagó.

Mi abuelo partió un sábado por la madrugada y justo ese fin de semana me correspondía impartir un entrenamiento en Monterrey, donde los niveles de sanación emocional en las personas son impresionantes, y justo a las 6:00 a. m. de ese día sábado nos informan que mi abuelo había fenecido. No podía cancelar el encuentro que estaba pautado para las 9:00 am, debía estar allí en aquel salón. Ese día habíamos acordado un festejo, teníamos muchas razones por las que celebrar y al ser yo el entrenador estaba consciente de que era fuente principal y creadora de esa energía. ¿Cómo iba a hacer esto? Yo estaba destrozado, no podía con la tristeza que había en mí.

El duelo es una etapa necesaria para superar la pérdida, y no hay una forma «normal» de vivir el duelo, cada uno lo hace a su manera.[4]

«La vida es un momento, lo aprovecho o lo pierdo», esa fue la respuesta. Durante el entrenamiento recuerdo que me sentía extasiado, alegre, conectado, la energía era maravillosa, y aquel equipo de participantes estaba entregado a la experiencia. Durante los recesos y las comidas, me comunicaba por teléfono con mi familia y me daba permiso de sentir la tristeza, pero luego cuando regresaba al salón pasaba a la otra energía hasta finalizar el entrenamiento.

Lo que funcionó en aquel momento es que tuve presente mi propósito, lo que quería crear en las personas, mi compromiso con ellos y con mis emociones. La vida es un instante, en este instante creo algo poderoso y en el próximo, si me duele, lloro; pero nunca dejo de avanzar.

El fallecimiento de mis abuelos me dejó grandes lecciones, la primera de ella es que pude concientizar que ellos me regalaron la mejor infancia que pude tener: viajes, amor, consejos y muchas anécdotas por contar.

La segunda, que vivieron al máximo su vida, hicieron lo que quisieron y fueron a donde se lo propusieron. Me enseñaron esa manera de mirar la vida y gracias a ellos ese aprendizaje siempre

---

4 Vázquez, Cristian. *Claves para superar el duelo por la pérdida de un ser querido.* El diario. Disponible en: https://www.eldiario.es/consumoclaro/cuidarse/claves-superar-duelo-perdida-querido_1_1837639.html

lo pongo en práctica.

La tercera, la vida es un compendio de instantes, mi única responsabilidad hoy y siempre será la disfrutar cada uno de ellos, y cuando esta experiencia terrenal finalice, hallarme libre y sin deudas conmigo mismo.

La muerte es parte de la vida. Todo pasa, todos en algún momento vamos a sentir tristeza, no lo podremos evitar, vamos a extrañar a alguien y lo que más seguro que tenemos todos es que vamos a morir, así funciona esta experiencia.

El camino de las lágrimas, Jorge Bucay

Puedes alcanzar una etapa de aceptación y entender que adaptarse a la pérdida no significa que no te importe o que todo ya terminó. Lo que sientes cuando alguien se va tiene que ver más con la pérdida de futuro que con esa persona, lo que ya no podrá ser. Esto también necesita ser sentido y aceptado, y aquí es cuanto más insisto en que necesitas apoyarte en alguien más; aun cuando creas que puedes solo con eso, un terapeuta, un psicólogo, un *coach*, un amigo, etc. Bien podrá orientarte o, en el caso de un amigo, acompañarte en este recorrido de sanación.

También es necesario que después de todo rediseñes tu plan de vida, tus proyectos, tus pasos hacia adelante, tus emociones. Todo lo que necesites mover para que avances y sigas creando una experiencia de vida valiosa y digna estará ahí para cuando decidas continuar caminando hacia adelante.

A lo largo de mi vida me he encontrado con personas que han vivido experiencias fuertes, muy fuertes, que han estado al límite, y sin embargo siempre están buscándole el sentido positivo a todo lo vivido por muy duro o no que haya sido. De ellas y ellos afirmo que son seres resilientes y valientes; sus vidas se vuelven ejemplo, sus historias, su comprensión sobre la vida, sus actitudes ante lo bueno y lo malo son inspiradoras y motivadoras.

Vivir en tiempo presente, en el aquí y el ahora, son frases que tienen un sentido y un propósito muy profundo, que va, por supuesto, más allá que de meras modas lingüísticas repetidas sin sentirlas, ni pensarlas, ni mucho menos accionadas. Sin embargo, para quienes comprendemos y estamos conscientes de que la vida está compuesta de pequeños instantes, que son, en comparación con la vida del planeta o el universo, brevísimos, dichas frases adquieren sentido completo y tienen poder porque te hacen enterarte que eres el único responsable y a la vez artífice de hacer que cada momento cobre el matiz que tú quieras darle o, mejor dicho, de elegir la perspectiva con la que deseas mirar la realidad, se trata de libre elección y escogencia. Mi recomendación: escoge vivir al máximo, elige ser la mejor versión de ti, aprende a ver lo que toda situación intenta mostrarte, lo que quiere que aprendas, asume con humildad el fracaso, la frustración, sin que estas emociones te atraviesen, pero también aprende a dosificar la victoria, el triunfo, solo extrae de todo el conocimiento y continúa, sé consciente de lo que sí quieres, porque de manera automática desechará lo que no quieres, pero sobre todo sé muy agradecido.

Si vives enfocado en ver el aprendizaje y lo positivo de cada situación, eres un ganador. Si vives enfocado en lo negativo, hoy es tu momento de dar un giro positivo en tu vida.

Aprender de lo que vivimos es un reto, es vivir presente en todo momento, de lo que vemos, lo que pensamos, lo que sentimos para encontrar un propósito en todo. Puede ser difícil y doloroso, nos puede asustar, incluso, puede volvernos inseguros o fortalecernos de maneras impresionantes. Todo lo que vivimos, todas las experiencias tienen una cosa en común: nos transforman.

En este sentido, la vida es cambio continuo y este nos ayuda a encontrar el sentido que queremos imprimirle a nuestra experiencia de vida. Hay quienes descubren su sentido de manera rápida y la viven con plenitud; hay otros que lo conocen más tarde o incluso en las postrimerías y, sin embargo, el valor y el conocimiento de ese vivir es inconmensurable.

Ejercicio 4:

Califica las siguientes áreas de tu vida. ¿En qué nivel están hoy? Utiliza un círculo para señalar si estás mejorando o empeorando, donde 1 es el menor puntaje (donde hay que poner más atención) y 10 el puntaje máximo (el área de tu vida donde mejor te sientes).

Familia	1 2 3 4 5 6 7 8 9 10
Amigos	1 2 3 4 5 6 7 8 9 10
Relaciones	1 2 3 4 5 6 7 8 9 10
Diversión	1 2 3 4 5 6 7 8 9 10
Trabajo	1 2 3 4 5 6 7 8 9 10
Dinero	1 2 3 4 5 6 7 8 9 10
Alimentación saludable	1 2 3 4 5 6 7 8 9 10
Creatividad	1 2 3 4 5 6 7 8 9 10
Ejercicio	1 2 3 4 5 6 7 8 9 10
Actividad al aire libre	1 2 3 4 5 6 7 8 9 10
Tomar agua	1 2 3 4 5 6 7 8 9 10
Estado de ánimo	1 2 3 4 5 6 7 8 9 10

Anotaciones (lo que puedo mejorar):

5
Tu energía se está renovando
Los nuevos comienzos están aquí

David, un adulto joven de apenas unos 26 años de edad, profesionista en pleno ejercicio de su carrera, padre de un niño desde hace un par de años. Siempre vestía de traje y corbata, nunca llevaba el cabello fuera de lugar y siempre dejaba el olor de su perfume a su paso, era imposible que David pasara desapercibido. Este hombre lo tenía todo, bueno todo lo que se supone una persona a su edad debía «tener» para ser feliz, o al menos eso fue lo que hicieron creer toda su vida. La relación entre David y la madre de su hijo por alguna razón no funcionó, entonces era un tipo de padre de esos que requieren mucho esfuerzo para estar presente con sus hijos. Desde afuera se podía ver a David llevar una vida perfecta y envidiable, pues tenía buen empleo, estabilidad económica, salud, apuesto, atractivo, simpático, entre otros factores más que sumados nos da como resultado que David era sin duda hombre exitoso.

Sin embargo, David se sentía vacío y solo. Un día, como cualquier otro, decidió hacer un retiro espiritual, basado en la meditación y medicinas ancestrales, que lo llevó a tener un despertar de consciencia de manera impactante, tal fue su despertar, que David decidió dejar su trabajo, su vida de lujos y su apariencia de hombre exitoso para convertirse en un ser humano en comunión constante con la naturaleza. Con el tiempo, se convirtió en un chamán muy reconocido de las montañas del norte de México, así dedicó su vida a ofrecer sanación espiritual a todos los seres humanos que se acercaban a sus ceremonias.

David descubrió que todo lo que le hicieron creer en torno al éxito era ajeno a su búsqueda. De esta manera descubrió que su éxito venía de su propia conexión con lo espiritual y la manera en la de aportarle bienestar al mundo, al brindarle posibilidades de reconexión a personas que se sienten perdidas en esta dimensión, en esta experiencia de vida.

Quizás eso que eres o haces hoy día no te llena ni te da plenitud porque no está conectado con tu ser, con tu esencia. Si esto estás sintiendo es un signo de que debes explorar otras posibilidades hasta que encuentres ese punto donde todo adquiera sentido, tanto en tu cabeza como en tu corazón y no en la realidad de los demás.

A lo largo de mi vida he tenido muchos «fracasos», desde reprobar todos los cursos de Matemáticas hasta hacer inversiones erróneas en las que perdí mucho dinero, y como estos infinidad de intentos fallidos en relaciones amorosas, amistades y en uno que otro resultado profesional que me golpeó el ego sin piedad. Sin embargo, el tiempo, las experiencias y el conocimiento adquirido, me hicieron ver que los errores o el «fracaso», como muchos lo llaman, son la mejor oportunidad que un ser humano puede tener para aprender y volverse mejor en cualquier cosa que haga.

¿Existe alguna persona exitosa que nunca haya fallado?

No existe, ni siquiera en los cuentos que terminan con la frase: *«... y vivieron felices para siempre».*

Mientras estemos vivos, lo único seguro que tenemos en igualdad de condición son dos cosas: la muerte y que nos vamos a volver a equivocar, esto no lo digo para desalentarte, sino para que le pierdas el miedo a fallar, a equivocarte, «a meter la pata» como decimos en Venezuela, para que cuando volvamos a cometer un error, este no nos lleve hasta el punto de no querer volverlo a intentar por miedo al dolor o por miedo a la sensación natural que sentimos todos sin excepción cuando nos equivocamos.

El fracaso bien puede conducir al éxito, según la actitud que tengas frente a este.

¿Qué quieres?

Aprender y crecer o vivir anclado al sufrimiento y en la postura de víctima por lo que «no puedes» o pudiste alcanzar, según la historia que te cuentas cada vez que fracasas. Cada quien elige que cara de la moneda que va a mirar. En este sentido, hay quienes se referirán al «fracaso» en los siguientes términos: «Cuando me equivoqué, aprendí…, y entonces mejoré y al cabo de un tiempo logré…», mientras otros solo verán en este la «oportunidad» para lamentarse de su mala suerte.

Los seres humanos nos creamos en el lenguaje, de acuerdo a lo explicado por Rafael Echeverría en su libro *Ontología del lenguaje*. Así, todo lo que piensas, genera una emoción y esta la comunicas por medio de las palabras, porque puedes verbalizar lo que sientes, y al sentirlo y decirlo, creas, automáticamente, esa realidad, como si se tratara de magia pura, así funciona.

Realiza el siguiente ejercicio: piensa ahora en una situación triste, observa que va pasando en tu cuerpo, tanto en lo interno como en lo externo. Sigue observando, a los pocos minutos notarás cómo tu cuerpo comienza a experimentar esa emoción de tristeza y, por ende, a enfocarse en ella, y verás más, si sales a la calle, te impresionará cómo tu mirada estará dirigida a capturar como un lente toda situación triste presente para de esta manera validar la emoción que sientes: niños en situación de calle, mendigos clamando por un poco de pan, un choque automovilístico, etc., así funciona este mecanismo.

Este mismo ejercicio lo puedes hacer con la emoción alegría. Pon en tu mente momentos alegres, deja que tu cuerpo se conecte con esa energía y sal a la calle a mirar toda la maravilla de la vida que está frente a ti, porque esta se te mostrará o revelará.

Entones, a modo de advertencia, presta atención a tus pensamientos, porque estos van a impactar de forma directa tu estado de ánimo y todo lo que ocurra en tu día.

Cuando me gradúe como *coach* transformacional, hace más de siete años, frente a una audiencia de 300 personas, aproximadamente, como examen final quise mostrar que las palabras tienen poder. Recuerdo que entré a la sala diciendo lo siguiente:

> En el pasado se decía que la magia y las palabras eran una y la misma cosa, lo que significa que las palabras tienen el poder de crear y transformar la realidad. Si yo en este momento te digo: «Hola, mi nombre es Wender y sufro de migraña» (cosa que es cierta), te vas a quedar con esa información por lo que estoy creando en ti una realidad que también lo es para mí, tan poderosa tú ya la crees como una verdad absoluta. A tal punto que si no me conoces, en un par de horas me puedes ver pasar y solo comentarás: «Ahí va el *coach* de la migraña».

¿Ves cómo funciona el poder de las palabras?

Si yo quiero que tú me recuerdes por cosas positivas, tengo que enfocarme en hablar de cosas positivas, en cómo quiero que se sientan las personas cuando comparten conmigo, pero, sobre todo, en cómo me quiero sentir yo al expresarme.

¿Qué hay en tus palabras hoy?

Miedo, queja, rencor, enojo, dolor, culpa, abandono, apatía… o hay disfrute, aceptación, amor, armonía, espiritualidad, agradecimiento, honestidad, entre otras.

Mantenerte presente de lo que hablas y transformarlo te lleva a crear la vida que quieres. Si no sabes qué vida quieres, hoy es el momento perfecto para parar y cuestionarte lo que en verdad te gusta, inspira, te da paz, lo que sigue para ti.

> La energía no está quieta, la energía está en movimiento todo el tiempo y tú eres energía. ¡Muévete!

Tuve la oportunidad de conocer a una mujer en un entrenamiento que impartí en el año 2017 en la ciudad de Cali, Colombia. Durante el entrenamiento, ella en un desgarrador dolor compartía haber sido abusada por un familiar muy cercano en numerosas ocasiones. Su pregunta siempre era: «¿Por qué quien más debe cuidarte te hiere?».

Y la respuesta viene de la lección de vida que había para ella. Después de un profundo proceso de sanación, comprendió el propósito de aquella experiencia: abrió un centro de apoyo para mujeres maltratadas en su ciudad. Tiempo después me comentaba de su alegría y satisfacción de poder brindar seguridad y apoyo a mujeres vulnerables. Ella me refería que encontraba alegría en cada mirada femenina que sana y en cada mujer que se reincorpora a la vida dueña de sí misma, por estar al servicio de ellas y por ser factor determinante de educación y transformación de la sociedad.

En las situaciones adversas, después de sentir y transitar la emoción, el aprendizaje que nos deja la experiencia vivida es, sin lugar a dudas, una valiosa oportunidad que si la sabemos leer y apreciar nos conduce al siguiente peldaño, donde encontramos la razón de ser, la razón de por qué sucedió.

La alegría, una palabra que escuchamos muchísimo y que poco nos cuestionamos de su valor, es una posibilidad de sentir un profundo placer, una sensación de satisfacción que viene conectada a un momento agradable algunas veces. Dicha sensación puede venir después de un golpe de consciencia donde vemos el error y encontramos un poderoso aprendizaje: entonces, nos alegremos por la experiencia, por lo que sentimos y por lo que genera para nosotros con todo lo aprendido.

Es legítimo celebrar la alegría, sin reservas ni miedos, en todo lo bueno que nos ofrece la vida. Es legítimo «hacerse cómplice de la vida» y reconocernos disfrutando de todos esos dones y talentos que poseemos.

En tiempos donde el alma no está quieta por el trajín del transitar, no olvidemos dibujarnos una sonrisa y recordarle al cerebro que siempre debe estar presente y atenta la alegría para rescatarnos.

Tú puedes tomar cada momento doloroso en tu vida para encontrar los mejores aprendizajes posibles y con ello contribuir aportando sabiduría, sanación e impacto en otros seres humanos que también están transitando en esta experiencia de eventos, emociones y lecciones.

Durante el recorrido en este libro hemos venido hablando de emociones, experiencias y aprendizajes. Todo movimiento va acompañado de la emoción y esta, sin importar cuál sea, trae consigo una lección para nosotros.

En este sentido, las emociones, insisto, no son ni buenas ni malas, son **energía que se mueve dentro de nuestro cuerpo** cuando algo externo (que en realidad es la interpretación que nuestra mente hace de eso externo) la dispara. Cuando comprendemos esto, aprendemos a convivir con ellas, a «digerirlas», a entender qué nos quieren decir (aunque es difícil después de estar tanto tiempo sin atenderlas), y dejan de ser una amenaza (las que se consideran negativas e intentamos evitar para no sentir dolor, por ejemplo), para ser nuestras aliadas.

También nos hemos referido al reto que representa vivir las emociones en su momento justo y de las posibilidades de vida que se abren si escogemos aprender de lo que ocurre con lo que sentimos. Cada vez que obtengas un aprendizaje, recuerda que este lo elegiste desde una postura responsable, y esto lo comprobarás cuando te encuentres agradeciendo todo lo pasado, todo lo presente. Celebra las oportunidades de aprendizaje, y si hay muchas en tu vida, agradécelas porque en esa misma proporción habrá más amor propio, compasión y empatía contigo mismo y los demás.

Aprender de tus experiencias, sentir las emociones e ir al siguiente nivel en tu vida, es mantenerte en movimiento, como la energía misma.

Ejercicio 5:

Un ejercicio sencillo para sentir la energía de las emociones en el cuerpo es colocar una canción que ahora mismo te guste mucho, muchísimo, o que signifique mucho para ti. Tienes que escoger esa canción que cuando la oyes te genera un cosquilleo en el pecho o estómago. Pon la canción muy fuerte, y permítete sentir eso que empieza a nacer en tu pecho, abdomen, útero, etc. Cierra los ojos. Siéntelo, sin reprimirte nada. Si quieres mueve el cuerpo, las manos, la cabeza, todo o nada. Deja que los movimientos nazcan de esa emoción que está vibrando dentro de ti. Puede ser que te vengan ganas de saltar, o ganas de reír, o ganas de llorar, o ganas de dar unos puñetazos a un cojín. Sea lo que sea está bien, es algo que tiene que salir, es algo que tienes que traspasar.

Es un ejercicio que me encanta hacer. Las primeras veces me sorprendí porque me emocioné muchísimo, hasta sentía ganas de llorar, pero a la vez estaba disfrutando la experiencia de esa emoción con aquella canción, me movía entre la alegría y la melancolía, era como dar *«gracias por estar sintiendo esto»*.

Anota tus reflexiones del ejercicio:

____

____

____

____

____

____

Adivina quién soy…
Soy algo natural en el ser humano.
Igual a un río bajando de las montañas, tengo mucha fuerza y nada puede pararme.
Puedo fluir más a la derecha o más a la izquierda, dividirme en riachuelos o seguir un único lecho.
Soy pura energía fluyendo, no importa si soy bueno o malo, simplemente existo.
Tengo fuerza para destruir o edificar, depende del uso que hagan de mí.
Parezco una roca en el borde del precipicio, antes de la pendiente es necesario poco esfuerzo para detenerme; sin embargo, una vez pasado ese punto será casi imposible frenarme.
Desde hace milenios los artistas y músicos suelen usarme para sus creaciones.
En el deporte trabajo mejor cuando me aprovechan para motivar.
¿Quién soy yo? Sí, soy la emoción.

Energía en movimiento, Thiago Massi

La reflexión

Una emoción no resuelta es una emoción que se detuvo, que no se vivió, que no tuvo el permiso de ser sentida, que no se habló, que no se sanó o entendió, y que en el momento de adquirirla la hicimos parte de nuestro ADN energético.

Las emociones siempre pueden y deben ser liberadas, y al ser así nos posibilitan para adquirir un aprendizaje que impacte de forma positiva en nuestras vidas. De lo contrario, se transforman lenta o rápidamente en síntomas que repercuten en nuestra salud.

Los síntomas son una alerta de caos en nuestro cuerpo. Nos enfermamos y en vez de indagar en el origen, que siempre será una o varias emociones contenidas, corremos a un hospital para que nos receten algún medicamento que detenga el estímulo eléctrico que provoca el dolor, cortando así la fuente de sabiduría y, a la vez, la fuente de sanación consciente.

No se trata de hacer a un lado la medicina tradicional, pero sí de poner atención a las emociones que vamos guardando o que vamos dejando sin sanar. Desahogar y sanar todo el bagaje emocional que vienes cargando te vuelve más ligero, tu energía se transforma en positiva y tu campo creativo se potencia. Además te permite tener mayor claridad y consciencia sobre el propósito de las emociones y el conocimiento que nos proporciona al vivirlas de forma libre.

Cada persona es diferente, hay quienes tienen la capacidad de encontrar y sanar emociones del pasado, y hay quienes necesitan ayuda de un *coach* que los guíe en un camino de sanación y liberación de energías viejas.

Si sanas tu energía, sanas tu ser. Cuando sanes tu ser, estarás listo para salir al mundo a dar lo mejor de ti, a impactar con tu energía creadora de nuevos momentos, de experiencias arriesgadas, aprendizajes profundos y momentos únicos que solo tú eres capaz de crear en todo momento mientras estés en este viaje de la vida, que solo es un instante. Maximiza esta experiencia única.

Referencias bibliográficas

Bucay, J. (2020). *El camino de las lágrimas.* (5ª. ed.). Océano.

Crutchfield, James P. y cols. (1994). Caos, *Revista Acta Mathematica.* https://www. academia.edu/3438986/La_incertidumbre_y_el_caos_en_el_%C3%A1mbito_epist% C3%A9mico_contempor%C3%A1neo.

Crutchley, L. (2015). *How to be happy (or at least less sad): A creative workbook.* Tarcherperigee.

Dueso, J. S. (2018, diciembre 30). Sócrates, el maestro de Grecia. Historia National Geographic. https://historia.nationalgeographic.com.es/a/socrates-maestro -grecia_13530.

Espinosa de los Monteros, F. (2018). *Fridamental: el sueño dorado de una vida.* Anábasis.

Massi, T. (2021, agosto 2). *Energía en movimiento.* Alto Rendimiento. https://thimassi. com/energia-en-movimiento-gestion-emocional/.

Online, P. (s/f). Psicología de las emociones: La alegría. PsicoGlobal. Recuperado el 2 de mayo de 2022, de https://www.psicoglobal.com/blog/psicologia-emociones-alegria.

Qué es el aprendizaje experiencial. Asociación Internacional de. (s/f). apex. Recuperado el 29 de abril de 2022, de https://www.aprendizaje-experiencial.org/intro.

Resiliencia: desarrolla habilidades para resistir frente a las dificultades. (2020, octubre 27). Mayo Clinic. https://www.mayoclinic.org/es-es/tests-procedures/resilience-tra-ining/in-depth/resilience/art-20046311.

Rizo, D., y De Dios González, S. (2016 marzo 19). La propia experiencia es el mejor aprendizaje. *La Mente es Maravillosa.* https://lamenteesmaravillosa.com/ la-experiencia-mejor-aprendizaje/.

Vázquez, C. (2018 noviembre 17*). Claves para superar el duelo por la pérdida de un ser querido.* ElDiario.es. https://www.eldiario.es/consumoclaro/cuidarse/claves-supe-rar-duelo-perdida-querido_1_1837639.html.

Watson, R. A. (2022). René Descartes. En Encyclopedia Britannica.

(Sobrellevando la tristeza, 2021) Sobrellevando la tristeza. (s/f). Cdc.gov. Recuperado el 28 de abril de 2022, de https://www.cdc.gov/howrightnow/espanol/recursos/ sobrellevando-la-tristeza/index.html.

Lecturas recomendadas

Todo va a estar bien (Samira Jean)

Ten fe, todo llega (Jorge Alejandro González Esparza)

Desde el autoanálisis a la libertad (Raúl Guzmán)

Afirmaciones y aformaciones positivas para tu cerebro (Carola Vital Osorio)

El vuelo del águila (Eduardo Anicharico)

www.ingramcontent.com/pod-product-compliance
Lightning Source LLC
LaVergne TN
LVHW051512170726
843492LV00002B/885